CAMPAGNE DE 1815.

APPENDICE.

LETTRES, PIÈCES JUSTIFICATIVES, RAPPORTS ET DOCUMENTS
OFFICIELS, INÉDITS POUR LA PLUPART, ET DONT SE
COMPOSENT LES NEUF SÉRIES QUI SUIVENT.

PREMIÈRE SÉRIE.

Lettres que l'Empereur m'a adressées, ordres verbaux que j'ai reçus de lui ou qu'il m'a fait transmettre par le major-général maréchal Soult et par le général Bertrand, grand-maréchal du palais, ma nomination à la dignité de maréchal de France.

DEUXIÈME SÉRIE.

Lettres, rapports et renseignements que j'ai adressés à l'Empereur.

TROISIÈME SÉRIE.

Mes lettres aux généraux Vendamme, Gérard, Pajol, Excelmans, Teste, Valin, Vichery, d'Erlon, Kellerman, Domon, Reille et autres. Ordres de mouvements que je leur ai donnés. Réponses et rapports qu'ils m'ont adressés.

QUATRIÈME SÉRIE.

Déclarations relatives aux événements de 1815, que m'ont fait parvenir le général Le Sénécal, le major Lafresnaye, Duluas de Saint-Léon, officier supérieur d'état-major; Le Gouest, ancien officier de hussards; Volant, intendant militaire en retraite; Letourneux, habitant de Caen, qui s'est trouvé en rapport, en 1815, avec le neveu et les aides-de-camp du maréchal Blücher, qui, à cette époque, avait son quartier-général dans cette ville;

Déclarations de mes aides-de-camp Bella, Bloqueville, Vial, Selves (Soliman Pacha). Ma correspondance avec le général Berthezène, et sa rétractation des assertions qu'il avait émises.

1842

I

CINQUIÈME SÉRIE.

Ma correspondance avec le maréchal Soult, major-général ; avec le prince d'Eckmühl, ministre de la guerre ; avec Fouché, président du gouvernement provisoire.

Nota. Cette cinquième série n'est placée ici que pour mémoire, toutes les lettres dont elle se compose se trouvant portées dans les séries qui précèdent.

SIXIÈME SÉRIE.

Ordres du jour et proclamations, en date des 22 et 25 juin 1815, ayant pour objet de faire connaître à l'armée l'abdication de Napoléon, de proclamer le roi de Rome empereur des Français, et de faire renouveler le serment de fidélité aux couleurs nationales. (Ces documents démentent les assertions de ceux de mes détracteurs qui m'ont accusé d'avoir trahi la cause de l'Empereur, espérant ainsi faire ma paix avec les Bourbons.)

Déclaration du duc de Wellington, relative aux événements de 1815, constatant que les ordres que l'Empereur m'a donnés le 18 juin, à quatre heures après midi, ne me sont pas parvenus, et qu'ils sont tombés aux mains du maréchal Blücher.

Ma correspondance avec le duc de Wellington et les généraux ennemis, motivée par des ordres du prince d'Eckmühl, ministre de la guerre, et du président du gouvernement provisoire.

SEPTIÈME SÉRIE.

Copie du livre d'ordre et de correspondance du major-général, depuis le 13 juin 1815, jusqu'au 26 du même mois, époque à laquelle il quitta l'armée et m'en remit le commandement.

HUITIÈME SÉRIE.

Ma correspondance avec le général Jomini, avec le lieutenant-général du génie Rognat, le lieutenant-général Marbot, colonel de hussards en 1815, le lieutenant-général Drouot et le général Baudrand.

NEUVIÈME SÉRIE.

Exposé sommaire de quelques-unes des causes de nos insuccès en 1815.

Considérations relatives à ces événements et aux dispositions adoptées par l'Empereur en entrant en campagne.

Appréciation des conseils qui m'ont été donnés par le général Gérard. Exposé des motifs qui m'ont empêché de les suivre.

Torts militaires que le général Gérard et le général Vendamme se sont donnés, retards qu'ils ont apportés, et impossibilité dans laquelle ils m'ont mis d'exécuter les ordres de l'Empereur.

Réfutation de la partie du *Mémorial de Sainte-Hélène* qui a trait à la bataille de Waterloo.

TABLEAU

DES

DISTANCES DES PRINCIPAUX POINTS

SUR LESQUELS A AGI LE CORPS D'ARMÉE EN 1815 EN BELGIQUE.

De Ligny à Gembloux.	6,500 toises, ou un peu plus de trois lieues de poste, et 250 toises en sus.
De Gembloux à Sart-à-Valhain. . . .	4,000 toises, ou deux lieues de poste.
De Sart-à-Valhain à Wavres, par la rive droite de la Dyle.	8,700 toises, ou quatre lieues de poste, et 375 toises en sus.
De Sart-à-Valhain à Wavres, par la rive gauche de la Dyle, et en passant par le pont de Moutiers. . . .	
De Sart-à-Valhain à Saint-Lambert. .	11,500 toises, ou cinq lieues, et 1,500 toises en sus.
De Wavres à Mont-Saint-Jean. . . .	9,375 toises, ou quatre lieues et demie de poste, et 375 toises en sus.

Ce tableau a été dressé par le lieutenant-général du génie Bernard, ministre de la guerre il y a quelques années, d'après la carte de Ferrari, la plus estimée de celles de la Belgique, et les distances ont été calculées en ajoutant à la mesure à vol d'oiseau un cinquième en sus, à raison de la sinuosité des chemins et des hauteurs et vallées qu'ils parcourent.

PRÉAMBULE.

Ayant appris que mon nom figurait sur les tables de proscription et de mort dressées par ordre de Louis XVIII, le 24 juillet 1815, je crus devoir me soustraire aux recherches des agents des royalistes, et je restai caché pendant quelques semaines dans une chaumière isolée, dépendante du village de Bonne-Maison (arrondissement de Vire, département du Calvados); mais, craignant d'y être découvert, je me déterminai à quitter la France, quelque difficile qu'il fût alors pour moi d'en sortir, car mon signalement avait été envoyé dans l'un des départements où les royalistes avaient présumé que j'avais pu trouver un refuge, et ceux de la Normandie étaient occupés par les troupes prussiennes; d'ailleurs, quatre hussards logeaient dans la chaumière dont j'occupais l'obscur grenier. Toutefois, l'ingénieuse amitié d'un de mes voisins, le chevalier de Vaucassel, me procura les moyens de m'expatrier. Il enivra les hussards prussiens, et, à l'aide d'un déguisement et de bons chevaux, me conduisit par des chemins détournés jusqu'au bord de la mer, que j'atteignis, non loin du village de Courseulles, où, par ses soins, une barque m'avait été préparée et devait me conduire à Guernesey.

Le jour commençait à paraître, et je croyais toucher au terme de mes anxiétés, quand des patrouilles prussiennes et de douaniers se montrèrent sur la digue qui, dans cette partie, préserve les terres des invasions de l'Océan.

En toute hâte, je me creusai dans le sable de la digue une sorte de tanière, je m'y blottis, et, protégé par quelques broussailles, les patrouilles passèrent sans m'apercevoir.

Sachant qu'elles se succédaient de deux heures en deux heures, je ne balançai pas, quelque mauvais nageur que je sois, à me jeter dans la mer; je gagnai la barque, que la marée qui montait commençait à faire flotter, et, en dépit d'affreux coup de vent, j'arrivai à Guernesey à moitié mort de froid, mais bénissant le ciel de mon heureuse évasion.

Après quelques semaines de séjour à Guernesey, appréhendant, si je venais à être connu, d'être réclamé par le gouvernement français, je m'embarquai pour les Etats-Unis d'Amérique, où je n'arrivai qu'après cinquante-huit jours d'une traversée fort pénible. Je fus accueilli avec intérêt, sur cette terre hospitalière, patrie de tous ceux que viennent atteindre des infortunes imméritées, et j'y jouissais d'une honorable et affectueuse hospitalité, lorsque j'appris qu'on venait de faire paraître en France quelques brochures, dans lesquelles ma conduite, la veille et le jour de la bataille de Waterloo, se trouvait incriminée.

J'en fus d'autant plus étonné que, lors des événements de 1815, les moniteurs et les bulletins officiels n'avaient déversé aucun blâme sur ma conduite, et que, à une époque à laquelle les intérêts de sa gloire et de sa position faisaient en quelque sorte un devoir à l'Empereur de faire connaître l'influence qu'avaient eue sur ses destinées les fautes commises par ses lieutenants, il n'avait pas prononcé une parole, ni écrit une ligne qui permît de croire que j'eusse méconnu ou mal interprété ses ordres, ou que je lui eusse donné le plus léger sujet de mécontentement.

Après son abdication, le prince d'Eckmühl, ayant continué à remplir les fonctions de ministre de la guerre, fut chargé par le gouvernement provisoire de me féliciter d'être parvenu à ramener intact, sous les murs de Paris, mon corps d'armée, avec ses blessés, ses équipages et son matériel, accru de quelques trophées enlevés aux Prussiens, dans les combats que je leur avais livrés près de Limale et sous les murs de Namur ; et cette première lettre fut suivi de trois autres, en date des 22, 23 et 25 juin, par lesquelles il me renouvelait les mêmes témoignages de satisfaction, ajoutant qu'organe de l'opinion publique, le gouvernement se plaisant à reconnaître que j'avais bien mérité de la patrie, me confiait le commandement en chef de l'armée du Nord, qui se composerait des troupes déjà sous mes ordres, et des débris de celles décimées à Waterloo, qu'on essayait de réorganiser dans les environs de Soissons.

Quoique ces témoignages d'approbation dussent me consoler des attaques imméritées dont j'étais l'objet, elles m'affectèrent si vivement que je crus devoir réfuter ceux de ces ouvrages dans lesquels j'étais le plus injustement traité : la *Relation de la Campagne de 1815*, par le général Gourgaud, et le livre IX des *Mémoires de Napoléon*. Il me sembla d'autant plus nécessaire de le faire, qu'au dire de leurs auteurs Napoléon les avait en partie dictées, ou leur avait donné son assentiment. De telles assertions, si elles n'eussent été démenties, auraient pu ébranler l'opinion, quoique cependant en lisant ces ouvrages, on eût été frappé des nombreuses inexactitudes qu'ils renferment, quant aux distances, au temps nécessaire pour les parcourir, et qu'il était indigne de Napoléon de faire croire à l'existence d'ordres qu'il n'avait jamais donnés.

Mes détracteurs se prévalant de l'intérêt attaché à tout écrit émané de Sainte-Hélène, et présumant que l'éloignement dans lequel j'étais de la France me mettrait dans l'impossibilité de les réfuter, espéraient flétrir ma réputation militaire. Mais mes concitoyens n'avaient pas oublié que j'avais pris part à plus de soixante combats ou batailles, que ma poitrine était sillonnée de nombreuses blessures, que les décorations et les dignités dont j'étais revêtu avaient été obtenues sur les champs de bataille, et ils s'indignèrent qu'on osât m'accuser de faiblesse sur le champ de bataille, d'incapacité militaire et de trahison.

Toutefois je ne me dissimulai pas qu'aux États-Unis je ne pourrais confondre mes calomniateurs aussi victorieusement que si j'eusse été en France. Je n'avais qu'un très-petit nombre des pièces nécessaires à ma justification, les minutes des ordres de l'Empereur et de ma correspondance avec lui, les copies de mes lettres à mes généraux et leurs rapports étant restés à Paris. Je n'avais d'ailleurs près de moi aucun de mes aides-de-camp, et je devais emprunter à ma seule mémoire les renseignements, les assertions dont il m'importait de faire connaître l'exactitude et d'appuyer de documents officiels.

Ces considérations eussent dû peut-être m'empêcher de réfuter immédiatement les ouvrages où j'étais si injustement incriminé. Mais les pénibles sentiments qu'ils avaient fait naître en moi ne me permirent pas de différer à le faire, et je fis paraître en 1818 une première réfutation de la relation de la campagne de 1815 par le général Gourgaud; elle fut bientôt suivie d'une seconde; mais l'une et l'autre ayant été promptement enlevées, une troisième m'était depuis long-temps demandée. Cet ouvrage en tiendra lieu.

Au bout de cinq ans, Louis XVIII reconnaissant enfin que ma conduite ne pouvait être assimilée à celle du maréchal Ney, et que j'avais été indûment placé sur la liste du 24 juillet, me rouvrit les portes de la patrie.

Mon premier soin, en y entrant, fut de rechercher les pièces et documents que j'y avais laissés, afin de les livrer à la publicité;

mais, ne pouvant parvenir à les retrouver, je crus qu'ils avaient été brûlés lors de l'incendie de mon château, ou qu'ils avaient été détruits à l'époque où on avait essayé de me faire mon procès.

Mes détracteurs, voyant que je ne faisais paraître aucune des pièces justificatives dont j'avais annoncé la publication, prétendirent qu'elles n'avaient jamais existé, et m'attaquèrent de nouveau, avec d'autant plus de virulence qu'ils étaient exaspérés de ce que les nécessités d'une juste défense m'eussent forcé à faire connaître les sujets de mécontentement que m'avaient donné les généraux Vandamme et Gérard, en refusant d'obéir à mes ordres, et faisant preuve, en plus d'une occasion, d'un inexplicable mauvais vouloir.

Quelques officiers de l'ancienne armée se rangèrent aussi au nombre de mes détracteurs, mais j'en fus peu étonné : quand on est malheureux on est rarement juste. Abreuvés d'amertume et de dégoût par le gouvernement royal, en proie à des besoins qu'ils ne pouvaient plus satisfaire, n'ayant ni état ni avenir, ils n'étaient que trop disposés à trouver des torts à ceux qui avaient joué un rôle important dans le sanglant drame de 1815. Aussi m'accusèrent-ils d'avoir méconnu les ordres de l'Empereur, d'avoir montré une inexplicable incapacité militaire; et ils osèrent même avancer que, dans l'espoir de faire la paix avec les Bourbons, j'avais trahi la patrie et mon ancien chef.

J'eus, en outre, la douleur de voir au nombre de mes antagonistes des hommes honorables, que leur dévoûment à l'Empereur avait portés à le suivre dans son lointain exil; mais qui, admirateurs aveugles, ne me pardonnaient point d'avoir improuvé quelques-unes de ses dispositions militaires, et qui ont oublié qu'injustement attaqué, je me devais de faire connaître les causes de nos désastres en 1815.

Je fus péniblement affecté de l'injustice de quelques-uns de mes concitoyens; mais dès que leurs calomnieuses attaques furent connues en Angleterre, en Allemagne et en Belgique, j'eus la consolation de les voir repousser par nombre d'officiers généraux et particuliers, et par le duc de Wellington lui-même. (Voyez à l'appui de ces assertions les déclarations du généralissime anglais et les ouvrages suivants.)

1° *L'extrait de la Campagne de 1815 par l'armée prussienne;* par Auguste Wagner, major au corps royal d'état-major de l'armée prussienne, ouvrage publié avec approbation du gouvernement prussien;

2° Le *Précis historique des événements militaires de* 1815, par un officier anglais ;

3° Les *Observations sur la bataille de Waterloo*, extraites des documents militaires laissés par le major Zach, employé à l'état-major badois ; ouvrage traduit de l'allemand, par M. M.-P. Kerisly ;

4° L'*Histoire de la campagne de* 1815, pour faire suite à l'*Histoire des guerres des temps modernes*, par le major-général Damitz, d'après les documents du général Grollman, quartier-maître-général de l'armée prussienne ;

5° Les *observations militaires et critiques du précis des Batailles de Fleurus et de Waterloo*, par M. V.-E. Feilug de Courlary, lieutenant-colonel au service de S. M. le roi des Pays-Bas, ouvrage qui critique d'une manière sévère la *Relation de la Campagne de* 1815 par le général Gourgaud, et les assertions du *Manuscrit de Sainte-Hélène* qui y ont trait.

Les auteurs de ces écrits, indignés qu'on accusât de faiblesse sur le champ de bataille, et d'inaptitude au commandement celui des lieutenants de Napoléon qui avait maintes fois conduit les troupes françaises à la victoire, et qui, toujours plein d'humanité pour les vaincus, s'était donné de nombreux droits à leur estime ; révoltés surtout qu'on osât avancer qu'il avait, en 1815, failli à l'honneur, trahi la France, la dynastie napoléonienne, et méconnu ses serments ; ces officiers, dis-je, ont pris à tâche de démentir ces odieuses incriminations, et, désireux de fournir au pinceau de l'histoire de véridiques couleurs, il n'est aucune investigation auxquelles ils ne se soient livrés, afin d'éclairer d'un jour vrai les événements de 1815 et leurs causes. Enfin, ils ont eu la magnanimité d'accorder quelques éloges à la retraite qui me mit à même de ramener sans pertes, sous les murs de Paris, le corps sous mes ordres, et les débris de l'armée qui avait combattu à Waterloo, et de déjouer les espérances du maréchal Blücher, qui se persuadait qu'entouré par des forces *trip'es* des miennes, je serais forcé de mettre bas les armes. Eux-mêmes aussi ont déclaré que les résultats de l'invasion eussent été en partie atténués, si les divisions des partis qui s'agitaient dans Paris, et la perfidie des hommes auxquels étaient remises les rênes du gouvernement n'eussent laissé inertes les *soixante et quelques mille* hommes que je ramenais, et qui, aidés de la garde nationale et de la population de la capitale, eussent pu paralyser, momentanément du moins, les efforts des armées anglo-prussiennes, et ils ont eux-mêmes fait connaitre le chiffre des pertes qu'ils avaient faites aux combats de Gilly, de Wavres, de Limale et de Namur (1).

---

(1) Chiffre qui s'est élevé à trois mille quatre cent soixante-seize hommes, dont quarante officiers tués ou blessés.

LETTRES

QUE L'EMPEREUR M'A FAIT PARVENIR,

ORDRES VERBAUX QU'IL M'A DONNÉS OU FAIT TRANSMETTRE PAR LE MARÉCHAL
SOULT, MAJOR-GÉNÉRAL, ET PAR LE GÉNÉRAL BERTRAND, GRAND-
MARÉCHAL DU PALAIS, DEPUIS LE PASSAGE DE LA SAMBRE,
LE 16 JUIN, JUSQU'AU 19 JUIN 1815.

(Première Série.)

ORDRE DE L'EMPEREUR

Qui m'a été transmis par le maréchal Soult.

Charleroy, le 16 juin 1815.

« MONSIEUR LE MARÉCHAL,

« L'Empereur ordonne que vous vous mettiez en marche avec
« les premier, deuxième et quatrième corps de cavalerie, et que
« vous les dirigiez sur Sombref, où vous prendrez position. Je
« donne pareil ordre à M. le lieutenant-général Vandamme, pour
« le troisième corps d'infanterie, et à M. le lieutenant-général Gé-
« rard, pour le quatrième corps, et je préviens ces deux généraux
« qu'ils sont sous vos ordres, et qu'ils doivent vous envoyer immé-
« diatement des officiers pour vous instruire de leur marche et
« prendre des instructions. Je leur dis cependant que lorsque Sa
« Majesté sera présente, ils pourront recevoir d'elle des ordres
« directs, et qu'ils devront continuer de m'envoyer des rapports de
« service et les états qu'ils ont habitude de fournir.
« Je préviens aussi M. le général Gérard que dans ses mouve-
« ments sur Sombref, il doit laisser la ville de Fleurus à gauche,
« afin d'éviter l'encombrement. Ainsi, vous lui donnerez une di-
« rection pour qu'il marche, d'ailleurs bien réuni, à portée du
« troisième corps, et soit en mesure de concourir à l'attaque de
« Sombref, si l'ennemi fait résistance.

« Vous donnerez aussi des instructions en conséquence à M. le
« lieutenant-général comte Vandamme.

« J'ai l'honneur de vous prévenir que M. le comte de Valmy a
« reçu ordre de se rendre à Gosselies, où, avec le troisième corps
« de cavalerie, il sera à la disposition de M. le maréchal prince de
« la Moskowa.

« Le premier régiment de hussards rentrera au premier corps
« de cavalerie dans la journée. Je prendrai à ce sujet les ordres de
« l'Empereur. J'ai l'honneur de vous prévenir que M. le maréchal
« prince de la Moskowa reçoit ordre de se porter avec le premier et
« le deuxième corps d'infanterie et le troisième de cavalerie à l'in-
« tersection des chemins dits des *Trois-Bras*, sur la route de
« Bruxelles, et qu'il détachera un fort corps à Corbais pour le lier
« avec vous sur Sombref, et seconder au besoin vos opérations.

« Aussitôt que vous vous serez rendu maître de Sombref, il fau-
« dra envoyer une avant-garde à *Gembloux*, et faire reconnaître
« toutes les directions qui aboutissent à Sombref, particulièrement
« la grande route de Namur, en même temps que vous établirez vos
« communications avec M. le maréchal Ney.

« La garde impériale se dirige sur Fleurus.

« *Signé* le maréchal ᴅᴜᴄ DE DALMATIE. »

OBSERVATIONS.

Le refus formel du général Vandamme d'obéir à l'ordre que lui porta
le 15 juin, vers les six heures du soir, l'aide-de-camp Bella, de des-
cendre des hauteurs en arrière de Fleurus, au lieu d'y faire prendre
position à son infanterie, et de venir coopérer à l'attaque de cette ville,
où le général Ziethen, poursuivi depuis le village de Gilly par la cavalerie française, s'était rallié aux corps prussiens qui y étaient arrivés
dans le cours de la journée, et d'où je ne pouvais, avec ma seule cavalerie, l'expulser; cette désobéissance du général Vandamme fut cause
que les Prussiens restèrent maîtres de Fleurus pendant toute la nuit,
et que l'injonction d'occuper Sombref, ainsi que l'ordonnait l'Empereur, ne put recevoir son exécution.

La grave culpabilité que la conduite du général Vandamme, le 15 juin,
fait peser sur cet officier général, est constatée par les déclarations du
général Le Sénécal, de l'aide-de-camp qui avait été chargé de transmettre l'ordre de se porter sur Fleurus, et par divers rapports, notamment par celui du général Pajol, qui, du bivouac de Lambusart, m'é-

crivait le 15 juin, à dix heures du soir : « *J'aurais occupé Fleurus , si*
« *le général Vandamme eût voulu m'envoyer ou me faire soutenir par*
« *quelque infanterie ; mais il paraît que ce général a pris à tâche de faire*
« *tout ce qui est contraire à la guerre, car il a négligé d'occuper Lambusart*
« *et la tête du bois de Gilly, à Fleurus, qui sont les deux points princi-*
« *paux dans la position dans laquelle nous sommes.* »
Ces déclarations et rapports font partie des documents qui suivent.

LETTRE DE L'EMPEREUR AU MARÉCHAL GROUCHY.

« MON COUSIN ,

« Je vous envoie La Bédoyère, mon aide-de-camp, pour vous
« porter la présente lettre. Le major-général a dû vous faire con-
« naître mes intentions ; mais comme il a des officiers mal montés,
« mon aide-de-camp arrivera peut-être avant. Mon intention est
« que, comme commandant l'aile droite, vous preniez le comman-
« dement du troisième corps que commande le général Vandamme,
« du quatrième corps que commande le général Gérard , des corps
« de cavalerie que commandent les généraux Pajol , Milhaut et
« Excelmans, ce qui ne doit pas faire loin de cinquante mille hom-
« mes. Rendez- vous avec cette aile droite à Sombref. Faites partir
« en conséquence de suite les corps des généraux Pajol, Milhaut,
« Excelmans et Vandamme, et, sans vous arrêter, continuez votre
« mouvement sur Sombref. Le quatrième corps , qui est à Capel,
« reçoit directement l'ordre de se rendre à Sombref sans passer par
« Fleurus. Cette observation est importante, parce que je porte
« mon quartier-général à Fleurus, et qu'il faut éviter les encom-
« brements. Envoyez de suite un officier au général Gérard pour
« lui faire connaître votre mouvement, et qu'il exécute le sien de
« suite. Mon intention est que tous les généraux prennent directe-
« ment vos ordres ; ils ne prendront les miens que lorsque je serai
« présent. Je serai entre dix et onze heures à Fleurus ; je me ren-
« drai à Sombref, laissant ma garde, infanterie et cavalerie , à
« Fleurus ; je ne la conduirais à Sombref qu'en cas qu'elle fût né-
« cessaire. Si l'ennemi est à Sombref, je veux l'attaquer, je veux
« même l'attaquer à Gembloux, et m'emparer aussi de cette posi-

« tion, mon intention étant, après avoir connu ces deux positions,
« de partir cette nuit et d'opérer avec mon aile gauche, que com-
« mande le maréchal Ney, sur les Anglais. Ne perdez donc point
« un moment, parce que plus vite je prendrai mon parti, mieux
« cela vaudra pour les suites de mes opérations. Je suppose que
« vous êtes à Fleurus; communiquez constamment avec le général
« Gérard, afin qu'il puisse vous aider pour attaquer Sombref, s'il
« était nécessaire. La division Gérard est à portée de Fleurus, n'en
« disposez point à moins de nécessité absolue, parce qu'elle doit
« marcher toute la nuit. Laissez aussi ma jeune garde et toute son
« artillerie à Fleurus. Le comte de Valmy, avec les deux divisions
« de cuirassiers, marche sur la route de Bruxelles. Il se lie avec le
« maréchal Ney, pour contribuer à l'opération de ce soir à l'aile
« gauche. Comme je vous l'ai dit, je serai de dix à onze heures à
« Fleurus. Envoyez-moi des rapports sur tout ce que vous appren-
« drez; veillez à ce que la route de Fleurus soit libre. Toutes les
« données que j'ai sont que les Prussiens ne peuvent pas nous op-
« poser plus de quarante mille hommes.

« Charleroy, le 16 juin 1815.

« *Signé* NAPOLÉON. »

<hr>

COPIE DE LA LETTRE DE L'EMPEREUR AU MARÉCHAL NEY,

Qui m'a été transmise avec celle qui précède.

« Mon Cousin,

« Je vous envoie mon aide-de-camp, le général Flahaut, qui vous
« porte la présente lettre. Le major-général a dû vous donner des
« ordres; mais vous recevrez les miens plus tôt, parce que mes
« officiers vont plus vite que les siens. Vous recevrez l'ordre du
« mouvement du jour, mais je veux vous en écrire en détail, parce
« que c'est de la plus haute importance. Je porte le maréchal Grou-
« chy avec les troisième et quatrième corps d'infanterie sur Som-
« bref; je porte ma garde à Fleurus, et j'y serai de ma personne
« avant midi. J'y attaquerai l'ennemi si je le rencontre, et j'éclai-

« rerai la route jusqu'à Gembloux. Là , d'après ce qui se passera ,
« je prendrai mon parti, peut-être à trois heures après midi, peut-
« être ce soir ; mon intention est que, immédiatement après que
« j'aurai pris mon parti, vous soyez prêt à marcher sur Bruxelles.
« Je vous appuierai avec la garde qui sera à Fleurus ou à Sombref,
« et je désirerais arriver à Bruxelles demain matin. Vous vous
« mettrez en marche ce soir même, si je prends mon parti d'assez
« bonne heure pour que vous puissiez en être informé de jour,
« et faire ce soir trois ou quatre lieues, et être demain à sept heures
« du matin à Bruxelles.

« Vous pouvez donc disposer vos troupes de la manière suivante :

« Première division, à deux lieues autour des Quatre-Chemins,
« s'il n'y a pas d'inconvénient ; sixième division d'infanterie, au-
« tour des Quatre-Chemins, et une division à Marbais, afin que je
« puisse l'attirer à moi à Sombref, si j'en avais besoin. Elle ne re-
« tarderait d'ailleurs pas votre marche.

« Le corps du comte de Valmy, qui a trois mille cuirassiers d'élite,
« à l'intersection du chemin des Romains et de celui de Bruxelles,
« afin que je puisse l'attirer à moi si j'en avais besoin. Aussitôt que
« mon parti sera pris, vous lui enverrez l'ordre de venir vous re-
« joindre.

« Je désirerais avoir avec moi la division de la garde que com-
« mande le général Lefebvre-Desnoëttes, et je vous envoie les deux
« divisions du corps du comte de Valmy pour le remplacer. Mais,
« dans mon projet actuel, je préfère placer le comte de Valmy de
« manière à le rappeler si j'en avais besoin, et ne point faire faire
« de fausses marches au général Lefebvre-Desnoëttes, puisqu'il est
« probable que je me déciderai ce soir à marcher sur Bruxelles avec
« la garde. Cependant couvrez la division Lefebvre par les divi-
« sions de cavalerie d'Erlon et de Reille, afin de ménager la garde,
« et que s'il y avait quelque échauffourée avec les Anglais, il est
« préférable que ce soit sur la ligne que sur la garde.

« J'ai adopté, comme principe général pendant cette campagne,
« de diviser mon armée en deux ailes et une réserve. Votre aile sera
« composée des quatre divisions du premier corps, des quatre divi-
« sions du deuxième corps, de deux divisions de cavalerie légère,
« et de deux divisions du corps du comte de Valmy. Cela ne doit
« pas être loin de quarante-cinq à cinquante mille hommes.

« Le maréchal Grouchy aura à peu près la même force et com-

« mandera l'aile droite. La garde formera la réserve, et je me por-
« terai sur l'une ou l'autre aile, selon les circonstances. Le major-
« général donne les ordres les plus précis pour qu'il n'y ait aucunes
« difficultés à l'obéissance à vos ordres, lorsque vous serez détaché,
« les commandants de corps devant prendre mes ordres directe-
« ment, quand je me trouverai présent.

« Selon les circonstances, j'affaiblirai l'une ou l'autre aile, en
« augmentant ma réserve.

« Vous sentez assez l'importance attachée à la prise de Bruxelles.
« Cela pourra donner lieu à des incidents, car un mouvement aussi
« prompt et aussi brusque isolera l'armée anglaise de Mons, Os-
« tende, etc.

« Je désire que vos dispositions soient bien faites, pour qu'au
« premier ordre vos huit divisions puissent marcher rapidement et
« sans obstacles sur Bruxelles.

« Charleroy, le 16 juin 1815.

« *Signé* NAPOLÉON. »

Nota. La lettre ci-dessus a été remise au maréchal Ney par le général Flahaut, entre onze heures et midi, en avant de Frasnes, le 16.

ORDRE VERBAL QUI M'A ÉTÉ DONNÉ PAR L'EMPEREUR,

*Au moment où il faisait les dispositions préparatoires de la bataille
de Fleurus.*

16 juin, à une heure.

« Avec les corps de cavalerie des généraux Pajol et Excelmans,
« vous rejetterez toute la cavalerie de l'aile gauche de l'armée
« prussienne au-delà de Sombref, et vous empêcherez les troupes
« ennemies qui arrivent de Namur par la route allant de cette ville
« aux Quatre-Bras, d'effectuer leur jonction avec le maréchal
« Blücher. »

ORDRE VERBAL DONNÉ PAR L'EMPEREUR,

Lorsqu'il quitta le champ de bataille de Ligny, pour se porter vers les Quatre-Bras, le 17 juin, à une heure après midi.

———

Mettez-vous à la poursuite des Prussiens, complétez leur défaite en les attaquant dès que vous les aurez joints, et ne les perdez jamais de vue; je vais réunir au corps du maréchal Ney les troupes que j'emmène, et attaquer les Anglais, s'ils tiennent de ce côté-ci de la forêt de Soignes. Vous correspondrez avec moi par une route pavée (qu'il montra du doigt, et qui était celle de Namur aux Quatre-Bras).

OBSERVATIONS.

Avant d'exécuter l'ordre que je recevais, je crus de mon devoir de faire observer à l'Empereur que si les Prussiens, qui avaient commencé leur retraite la veille vers les dix heures du soir, l'avaient continuée pendant toute la nuit, ils avaient déjà gagné quinze à seize heures de marche sur les troupes qu'il envoyait à leur poursuite; que celles-ci, qui étaient très-disséminées dans la plaine, ne pourraient s'ébranler immédiatement, attendu que n'ayant pas été prévenues qu'elles dussent faire de mouvement dans la journée, elles avaient démonté leurs fusils, dont un grand nombre était hors d'état de servir avant d'être lavés; qu'en outre, plusieurs corps ne pouvant trouver de vivres pour les soldats, ni de fourrages pour les chevaux d'artillerie, dans les villages dévastés et en partie brûlés, près desquels ils étaient bivouaqués, avaient envoyé au loin des détachements assez considérables pour tâcher de s'en procurer.

Je me permis d'ajouter que je craignais de n'être ni à temps de retarder le maréchal Blücher dans sa retraite, ni assez fort avec les trente-un ou trente-deux mille hommes qui restaient sous mes ordres, pour le contraindre à changer la direction de sa marche, prévenir les résultats des dispositions qu'il croyait devoir prendre, et compléter la défaite d'une armée de quatre-vingt-dix à cent mille hommes, qui, en se retirant, n'était ni démoralisée, ni désorganisée, puisqu'elle avait repoussé les charges de cavalerie dirigées contre elle, et repris même, pendant quelques instants, une attitude offensive. Je me hasardai, en outre, à signaler à l'Empereur quelques-unes des motifs stratégiques qui me paraissaient militer pour qu'il ne me fît point sortir du cercle des opérations de l'armée avec laquelle il allait combattre les Anglais, et je le conjurai de ne pas m'en éloigner autant que j'allais l'ètre en marchant vers Namur et Liège.

Malheureusement Napoléon, qui croyait les Anglais en pleine retraite sur Bruxelles, et qui l'avait fait annoncer par le major-général au prince Joseph, à Paris, fut blessé de ce que j'osais manifester des opinions improbatrices des siennes. Il repoussa sévèrement mes propositions, et le fit en des termes tels que je dus craindre qu'il ne les taxât de faiblesse encore plus que d'inconvenance. Loin donc de modifier ses premiers ordres, l'Empereur les corrobora, en disant : « *Monsieur le maréchal, portez-vous vers Namur, car, suivant toutes les probabilités, c'est sur la Meuse que se retirent les Prussiens; c'est donc dans cette direction que vous les trouverez et que vous devez marcher.* »

Ces paroles furent entendues par plusieurs officiers, et notamment par le général Baudrand, aide-de-camp de M. le duc d'Orléans, qui, se trouvant à Londres, chez le prince de Talleyrand, en même temps que moi, me rappela cet ordre si positif, qu'il a constaté dans une déclaration faisant partie de la 8ᵉ série de mes pièces justificatives.

ORDRE DE L'EMPEREUR,

Reçu sur la route de Namur, où Napoléon m'avait enjoint de me rendre, au moment où il quitta le champ de bataille de Ligny pour se porter aux Quatre-Bras.

Cet ordre est écrit de la main du grand-maréchal du palais, général Bertrand.

Ligny, le 17 juin 1815, vers trois heures.

« Rendez-vous à Gembloux avec le corps de cavalerie du géné-
« ral Pajol, la cavalerie légère du quatrième corps, le corps de ca-
« valerie du général Excelmans, la division du général Teste, dont
« vous aurez un soin particulier, étant détachée de son corps d'ar-
« mée, et le troisième et le quatrième corps d'infanterie. Vous vous
« ferez éclairer sur la direction de Namur et de Maëstrecht, et
« vous poursuivrez l'ennemi ; éclairez sa marche et instruisez-moi
« de ses mouvements, de manière que je puisse pénétrer ce qu'il
« veut faire. Je porte mon quartier-général aux Quatre-Chemins,
« où ce matin étaient encore les Anglais. Notre communication sera

« donc directe par la route pavée de Namur. Si l'ennemi a évacué
« Namur, écrivez au général commandant la deuxième division
« militaire à Charlemont de faire occuper Namur par quelques ba-
« taillons de garde nationale et quelques batteries de canon qu'il
« formera à Charlemont. Il donnera ce commandement à un ma-
« réchal-de-camp.

« Il est important de pénétrer ce que veulent faire Blücher et
« Wellington, et s'ils se proposent de réunir leurs armées pour
« couvrir Bruxelles et Liège, en tentant le sort d'une bataille.
« *Dans tous les cas, tenez constamment vos deux corps d'infan-*
« *terie réunis dans une lieue de terrain ayant plusieurs débou-*
« *chés de retraite; placez des détachements de cavalerie in-*
« *termédiaires pour communiquer avec le quartier-général.*

« Dicté par l'Empereur; en l'absence du major-général, le grand-
« maréchal Bertrand.

« Copie conforme à l'original qui est entre mes mains.

« Le maréchal marquis DE GROUCHY. »

OBSERVATIONS.

Dans la relation de la campagne de 1815 par le général Gourgaud,
et les mémoires de Napoléon écrits à Sainte-Hélène, on établit que
l'Empereur a livré bataille à Waterloo, parce qu'il a dû croire que le
maréchal Grouchy était à Wâvres et occupait les défilés de Saint-Lambert, lui ayant donné, le 17 au soir, l'ordre de se porter à Wâvres et
d'envoyer occuper ces défilés par un corps de six mille hommes et huit
pièces de canon.

L'ordre ci-dessus, le seul que j'aie reçu dans la soirée du 17, dément
de la manière la plus formelle cette inexacte assertion, puisqu'il m'ordonne de me porter sur Gembloux et non sur Wâvres, et qu'il ne dit
pas un mot de la prétendue injonction qui m'aurait été faite d'occuper
les défilés de Saint-Lambert avec de l'infanterie et du canon.

LETTRE DU MAJOR-GÉNÉRAL.

L'adresse de cette lettre porte : *A S. E. M. le maréchal Grouchy,*
à Gembloux ou en avant.

En avant de la ferme de Caillou, le 18 juin 1815, à dix heures du matin.

« MONSIEUR LE MARÉCHAL,

« L'Empereur a reçu votre dernier rapport daté de Gembloux.
« Vous ne parlez à Sa Majesté que de deux colonnes prussiennes
« qui ont passé à Sauvenière et à Sart-à-Valain. Cependant des
« rapports disent qu'une troisième colonne, qui était assez forte, a
« passé par Gery et Gentines, se dirigeant sur Wâvres.

« L'Empereur me charge de vous prévenir qu'en ce moment Sa
« Majesté va faire attaquer l'armée anglaise qui a pris position à
« Waterloo, près de la forêt de *Soignes.* Ainsi, Sa Majesté désire
« que *vous dirigiez vos mouvements sur Wâvres,* afin de vous
« rapprocher de nous, vous mettre en rapport d'opération, et lier
« les communications, poussant devant vous les corps de l'armée
« prussienne qui ont pris cette direction, et qui auraient pu s'arrê-
« ter *à Wâvres, où vous devez arriver le plus tôt possible.*

« Vous ferez suivre les colonnes ennemies qui ont pris sur votre
« droite par quelques corps légers, afin d'observer leurs mouve-
« ments et ramasser leurs traînards. Instruisez-moi immédiatement
« de vos dispositions et de votre marche, ainsi que des nouvelles
« que vous avez sur les ennemis, et ne négligez pas de lier vos
« communications avec nous. L'Empereur désire avoir très-sou-
« vent de vos nouvelles.

« *Signé* le maréchal DUC DE DALMATIE. »

OBSERVATIONS.

L'adresse de cette lettre portant *à son excellence monsieur le maréchal*
Grouchy à Gembloux ou en avant, et ayant été écrite au moment où
l'Empereur se disposait à faire attaquer l'armée anglaise, *à dix heures*
du matin, ajoute une preuve de plus à celle déjà donnée de la fausseté
de l'assertion portée dans la relation de la campagne de 1815 par le gé-

néral Gourgaud, et répétée dans les mémoires de Napoléon écrits à Sainte-Hélène, assertion qui porte que *l'Empereur ne s'est déterminé à combattre à Waterloo, que parce qu'il croyait le maréchal Grouchy rendu à Wâvres depuis le 17 au soir.* — Si telle eût été sa conviction, aurait-il adressé sa lettre du 18, à dix heures du matin, *à Gembloux, ou en avant?*

LETTRE DU MAJOR-GÉNÉRAL AU MARÉCHAL GROUCHY.

18 juin, une heure après midi.

« MONSIEUR LE MARÉCHAL,

« Vous avez écrit à l'Empereur ce matin, à trois heures, que
« vous marcheriez sur *Sart-à-Walain*, donc votre projet était de
« vous porter à *Corbaix* et à *Wâvres*. Ce mouvement est conforme
« aux dispositions de Sa Majesté, qui vous ont été communiquées.
« Cependant l'Empereur m'ordonne de vous dire que vous devez
« toujours manœuvrer dans notre direction et chercher à vous
« rapprocher de l'armée, afin que vous puissiez nous joindre avant
« qu'aucun corps puisse se mettre entre nous. Je ne vous indique
« pas de direction, c'est à vous à voir le point où nous sommes
« pour vous régler en conséquence et pour lier nos communica-
« tions, ainsi que pour être toujours en mesure de tomber sur quel-
« ques troupes ennemies qui chercheraient à inquiéter notre droite,
« et les écraser.
« En ce moment la bataille est *gagnée* sur la ligne de Waterloo,
« en avant de la forêt de Soignes. Le centre de l'ennemi est à Mont-
« Saint-Jean ; ainsi, manœuvrez pour joindre notre droite.

« *Signé* le maréchal DUC DE DALMATIE. »

P. S. Une lettre qui vient d'être interceptée porte que *le général Bulow doit attaquer notre flanc droit;* nous croyons apercevoir ce corps sur la hauteur de *Saint-Lambert*. Ainsi, ne perdez pas un instant pour vous rapprocher de nous et nous joindre, et pour écraser Bulow, que vous prendrez en flagrant délit.

« *Signé* le maréchal DUC DE DALMATIE. »

OBSERVATIONS.

L'original de cette lettre n'a pu encore être retrouvé; mais la copie ci-dessus est conforme à celles qui me furent envoyées aux États-Unis, en 1816 et 1817, par ma première épouse, une de mes filles qui n'existe plus, et le général Carbonel.

Je possède ces trois copies, et on lit sur toutes :

En ce moment la bataille est gagnée sur la ligne de Waterloo.

La lettre du major-général était écrite en caractères très-fins, et d'autant plus difficiles à lire, qu'ils étaient en partie effacés. Toutefois, l'existence du mot *gagnée* ne parut douteuse à aucun des officiers que j'appelais près de moi pour qu'ils en prissent communication, et quelque singulière que leur parût la rédaction de la phrase dans laquelle elle figure.

Une déclaration du général Le Sénécal et celles de plusieurs autres officiers constatent ces faits.

MA NOMINATION A LA DIGNITÉ DE MARÉCHAL DE FRANCE.

La campagne du Midi était à peine terminée, et M. le duc d'Angoulême en route pour Cette, où il allait s'embarquer, lorsque l'Empereur m'apprit qu'il venait de m'élever à la dignité de maréchal de France. Cette dépêche étant conçue en des termes flatteurs pour moi, et l'énumération des services les plus importants qui l'avaient porté à me la conférer y figurant, je crois devoir la reproduire textuellement ici.

« Mon cousin, je vous écris pour vous faire connaître ma satis-
« faction; les services que vous venez de rendre, l'attachement que
« vous avez montré pour moi et pour la patrie, joints aux belles
« manœuvres, aux talents et au courage que vous avez déployés dans
« d'autres circonstances, et notamment à Friedland, à Wagram
« et dans les plaines de la Champagne, m'ont porté à vous nom-
« mer maréchal de France.

« *Signé* NAPOLÉON. »

Paris, le 15 avril 1815.

Peut-être la publication de ce document donnerait-elle droit de m'accuser de quelque amour-propre, si le motif qui me porte à le mettre sous les yeux du public n'était le besoin que j'éprouve de repousser de la manière la plus victorieuse les calomnieuses imputations dirigées contre moi, et notamment celle d'avoir mal servi la cause de l'Empereur en 1815.

C'est donc à mes détracteurs qu'il faut s'en prendre, si cette éclatante preuve de la satisfaction de Napoléon fait partie des pièces justificatives que je fais paraître.

PARIS. — IMPRIMERIE DE E.-B. DELANCHY
faubourg Montmartre, n. 11.

9 782019 970918